सन्त रविदास

(जीवन कथा)

सन्त रविदास

अशोक कुमार

श्रृंखला संपादक

लीलाधर मंडलोई

वाणी प्रकाशन ग्रुप

भारतीय ज्ञानपीठ

वाणी प्रकाशन : भारतीय ज्ञानपीठ की पुस्तकों के एकमात्र प्रकाशक एवं वितरक

शिक्षोदय ग्रन्थमाला : ग्रन्थांक 052

पहला संस्करण : 2017
दूसरा संस्करण : 2025

वाणी प्रकाशन : भारतीय ज्ञानपीठ की पुस्तकों के एकमात्र प्रकाशक एवं वितरक

वाणी प्रकाशन
4695, 21-ए, दरियागंज, नयी दिल्ली-110 002
दूरभाष : 011-23273167, 23275710
ईमेल : sales@vaniprakashan.in
www.vaniprakashan.com

ISBN : 978-93-7112-161-3

मूल्य : ₹ 295

सन्त रविदास
(जीवन कथा)
अशोक कुमार

SANT RAVIDAS
(Jeevan Katha)
by Ashok Kumar

मुद्रक : आर. टेक ऑफ़सेट प्रिंटर्स, दिल्ली-110 032

भारत के भविष्य : युवा साथियों के लिए

मेरी बात

भारत में वेदों-पुराणों के युग से लेकर आज तक ऐसे ऋषि-मुनि, सन्त-महात्मा, गुरु-बाबा होते आए हैं, जिन्होंने अपने तप और अपनी साधना से मनुष्य को ऐसा ज्ञान, चिन्तन, सन्देश दिया है जो उसके जीवन को खुद अपने लिए और समाज के लिए सार्थक बना सके। ऐसे सन्तों में सन्त रविदास का नाम अपना एक विशेष स्थान रखता है। हमारे देश में आदिकाल से एक धारा चली आ रही है, जो यह मानती है कि ईश्वर नाम की एक सर्वशक्तिमान सत्ता है जिसने इस सृष्टि की रचना की है और उसे संचालित करती है। इस सत्ता के प्रति भक्ति और समर्पण स्वाभाविक है। भक्ति की यह धारा दक्षिण भारत से 14वीं-15वीं शताब्दी में उत्तर भारत पहुँची और एक आंदोलन के रूप में फैल गयी। विदेशी आक्रमणों से त्रस्त समाज को इस आंदोलन में एक सुकून जैसा मिला और इसमें से स्वामी रामानन्द, कबीर, सन्त रविदास, सेन नाई, पीपाजी, धन्ना भगत सरीखे कई सन्त उभरे। इनके पदों, भजनों, दोहों आदि ने पूरे समाज को भक्ति रस में सराबोर किए रखा। उनका जीवन पूरे समाज के लिए एक सन्देश बन गया।

बनारस में जन्मे, पले-बढ़े और जीए सन्त रविदास का जीवन इसलिए विशेष तौर पर आकर्षित करता है कि उन्होंने वर्ण तथा जाति

व्यवस्था की जकड़न में फंसे समाज में नीची मानी जाने वाली जाति का होकर भी ऊँच-नीच के भेदभाव से संघर्ष करते हुए सन्तों की पांत में अपनी विशिष्ट जगह बनायी। और यह उन्होंने ईश्वर के प्रति अपनी निर्मल, निष्काम, निश्छल तथा पूर्णत: समर्पित भक्ति के बूते किया। ऊँची जाति के पंडों-पुजारियों आदि ने उन्हें कई तरह से नीचा दिखाने, उनकी परीक्षा लेने की कोशिशें की मगर जिसका मन सभी भेदभावों से ऊपर उठ चुका हो, उसे भला कौन नीचा दिखा सकता है। जूते बनाने का अपना पारिवारिक पेशा करते हुए उन्होंने गृहस्थ जीवन और भगवत भक्ति के बीच जो सन्तुलन साधे रखा, उसने मीराबाई और चित्तौड़ की महारानी समेत हजारों भक्तों को उनका शिष्य बना दिया। वह सन्तुलन आज भी हम सबके लिए अनुकरणीय है। उनके पदों में जो सन्देश हैं, वे आज भी हमारा मार्गदर्शन कर सकते हैं। आज उनके अनुयायी खुद को रैदासी सम्प्रदाय का बताते हैं और उनके नाम पर मन्दिर भी बने हुए हैं। उनकी जयन्ती पर उत्सव मनाया जाता है।

यह पुस्तक ऐसे ही एक महान सन्त के जीवन और सन्देश को समझने की एक कोशिश है। इस कोशिश में हमें श्री परशुराम चतुर्वेदी की पुस्तक 'उत्तरी भारत की सन्त परम्परा', आचार्य रामचंद्र शुक्ल की 'हिदी साहित्य का इतिहास', श्री बच्चन सिंह की 'हिन्दी साहित्य का दूसरा इतिहास', श्री रामधारी सिंह दिनकर की 'संस्कृति के चार अध्याय', श्री सुधाकर पांडेय द्वारा सन्पादित 'हिन्दी काव्य गंगा', श्री धर्मपाल सिंहल की 'सन्त गुरु रविदास' से बहुत सहायता मिली। हम उनके बहुत आभारी हैं।

—अशोक कुमार

बोलै गुर अरु बोलै चेला, बोल्या बोल की परमिति जाई।
कहै रैदास थकित भयौ जब, तब हीं परमनिधि पाई॥

—सन्त रविदास

सन्त रविदास : जीवन कथा

बच्चो, सन्त रविदास की जीवन कथा को जानने जानने के पहले आइये उस समय की कुछ यात्रा करते हैं। भारत ऐसे महान ऋषियों-मुनियों, सन्तों, गुरुओं, का देश रहा है जिन्होंने अपनी कड़ी तपस्या और साधना के बाद मौलिक ज्ञान, चिन्तन, विचार, सन्देश, उपदेश दिए। इन सन्देशों ने भारतीय समाज में फैले तमाम तरह के भेदभावों और कुप्रथाओं पर चोट करके उसे एक सूत्र में जोड़ने में बड़ी महत्त्वपूर्ण भूमिका निभायी। हमारे सन्त रविदास या रैदास इन्हीं सन्तों की परम्परा की एक महत्त्वपूर्ण कड़ी हैं। इन विभूतियों के विचारों को लेकर समय-समय पर कई धाराएँ चलीं, कई धार्मिक तथा समाज सुधार आन्दोलन शुरू हुए, कई मत-सम्प्रदाय बने। इन्हीं आंदोलनों में एक था भक्ति आदोलन। यह दक्षिण भारत से शुरू होकर 1400 ईस्वी के आसपास उत्तर भारत पहुँचा और इसने करीब 250 वर्षों तक पूरे देश को अपनी धारा में समेट लिया। माना जाता है कि उत्तर भारत में इस आंदोलन के प्रवर्तक सन्त कबीरदास थे। और कमाल यह कि वे एक ऐसे मुसलमान थे, जो न वेद को मानते थे और न कितेब को। उन्होंने गाया-'वेद-कितेब छांड़ी दे पंडे, ई सब मन के भरमा'। वैसे, कबीर से पहले स्वामी रामानन्द पूरे भारत में राम भक्ति की अलख जगा रहे थे और कबीर, रैदास, सेन नाई,

पीपा जी, धन्ना भगत सरीखे 12 सन्त उनके शिष्य माने जाते हैं। लेकिन उत्तर भारत में भक्ति आंदोलन के व्यापक प्रसार का श्रेय कबीर को ही दिया जाता है। बहरहाल, उनके पहले और उनके बाद उभरे सन्तों की परम्परा बहुत लम्बी है और कुछ विद्वान मानते हैं कि इसकी शुरुआत 1300 ई. के आसपास हो गयी थी, जो 20वीं सदी में भी जारी रही। इस परम्परा को आगे बढ़ाने वालों में सन्त रविदास का नाम भी पूरे सम्मान से लिया जाता है। परन्तु सन्त रविदास की कहानी कहने से पहले उत्तर भारत में उस समय तक पक चुकीं राजनीतिक-सामाजिक-धार्मिक परिस्थितियों की थोड़ी चर्चा कर लेते हैं, जिन्होंने इस आंदोलन की जमीन तैयार की और सन्त परम्परा को फलने-फूलने का वातावरण बनाया।

हिन्दी साहित्य के दिग्गज आलोचक आचार्य रामचंद्र शुक्ल

सरीखे कुछ विचारकों का मानना है कि उत्तर भारत में मुगल शासन द्वारा जनता के दमन-उत्पीड़न ने उसे भक्ति की ओर मोड़ दिया था, "अपने पौरुष से हताश जाति के लिए भगवान की शक्ति और करुणा की ओर ध्यान ले जाने के अतिरिक्त दूसरा मार्ग ही क्या था?" लेकिन आचार्य हजारी प्रसाद द्विवेदी सरीखे कुछ विचारक इससे सहमत नहीं हैं, "मुसलमानों के अत्याचार के कारण यदि भक्ति की भावधारा को उमड़ना था तो पहले उसे सिन्ध में और फिर उत्तर भारत में प्रकट होना चाहिए था, पर हुई वह दक्षिण में।" द्विवेदी जी यह भी मानते हैं कि मुसलमान न आते तब भी सन्त साहित्य लगभग वैसा ही होता जैसा आज है। इन दो विद्वानों से अलग एक तीसरा मत कहता है कि हकीकत यह है कि गुरु नानकदेव के सिवा किसी भक्त कवि ने मुसलमानों के खिलाफ नहीं लिखा, हालांकि

इतिहास मुसलमान शासकों के अत्याचारों की गवाही देता है। दूसरे, अगर आचार्य शुक्ल के मत को मान लिया जाए तो सन्त काव्य और सूफी काव्य भक्ति आंदोलन के सैद्धान्तिक दायरे से बाहर हो जाएँगे। सच्चाई यह है कि शासकों के अत्याचारों से आम हिन्दू और मुसलमान, दोनों पिस रहे थे और साथ मिलजुलकर रहने की जद्दोजहद कर रहे थे। इतिहास बताता है कि मुसलमानों से पहले यूनानियों, शकों, हूणों, आदि जितने तरह के आक्रमणकारियों ने भारत पर हमले किए उन सबको इस देश की मिट्टी–पानी–हवा ने अपने में इस तरह समा लिया कि उनका अपना कुछ नहीं रह गया। मगर तुर्क–अफगान आक्रमणकारियों के साथ ऐसा नहीं हो सका। वैसे, दोनों धर्म के लोगों ने लम्बे रिश्तों के कारण एक–दूसरे के रीति–रिवाजों–तहजीबों

को करीब से समझा, उनमें से कई को अपनाया, एक-दूसरे के बीच धर्मान्तरण भी हुए, लेकिन एक तरह की दूरी बनी रही। दूसरी ओर, मुसलमानों के बीच पहले से चली आ रही सूफी धारा को हिन्दू धर्म के कई पहलुओं ने आकर्षित किया, तो सभी मनुष्य को समान मानने, सबके बीच प्यार-मोहब्बत का सन्देश देने वाला सूफी दर्शन हिन्दुओं को भा गया। कबीर तो इस दर्शन से पूरी तरह प्रभावित थे। इसकी प्रतिध्वनि उनकी ही नहीं बल्कि भक्ति आंदोलन के कई सन्त कवियों की रचनाओं में भी मिलती है। ये सन्त दोनों धर्मों और समाजों की बुराइयों और कुप्रथाओं पर चोट कर रहे थे। उनके बोल जन-जन में लोकप्रिय हो गए और जीवन के अभिन्न अंग बन गए। आखिर, वे रचनाएँ समाज में सम्मान पा चुके सन्तों की जो थीं!

रविदास जी राम नाम लिखते हुए

यहाँ प्रश्न उठ सकता है कि सन्त किसे कहेंगे? क्या परिभाषा हो सकती है सन्त की? इसे समझने में कबीर की यह साखी बहुत मदद कर सकती है—'निरबैरी, निहकामता, सांई सेंती नेह। विषिया सूं न्यारा रहे सन्तनि को अंग एह।।' यानी सन्त वह है जो किसी के प्रति बैर भाव नहीं रखता हो, जो काम-वासना से मुक्त हो, सांई यानी प्रभु में नेह रखता हो और विषयों से विरक्त हो। इसी तरह, सन्त तुलसीदास ने 'रामचरितमानस' के 'सुन्दरकांड' में श्रीरामचंद्र के मुख से सन्तों के लक्षण बताए हैं— 'सब कै ममता ताग बटोरी। मम पद मनहि बाँध बरि डोरी।। समदरसी इच्छा कछु नाहीं। हरष सोक भय नाहिं मन माहीं।।' सन्त वही है जो सभी सांसारिक सम्बन्धों के प्रति प्रदर्शित ममता के भावों को मजबूत रस्सी में बँट करके उसे

प्रभु के चरणों में रख देता है, किसी प्रकार की कामना न रखते हुए समदर्शी बना रहता है। 'सुन्दरकांड' में ही महाकवि ने शिव के मुख से भी सन्तों के लक्षण का बखान किया है- 'उमा सन्त कइ इहइ बड़ाई। मन्द करत जो करइ भलाई।।' सन्त की बड़ाई यही है कि वे बुरा करने वाले की भी भलाई ही करते हैं। तात्पर्य यह कि व्यापक अर्थ में सन्त ऐसे आदर्श महापुरुषों को कहेंगे, जो अपने में मग्न होते हुए भी समाज में रहकर बिना लोभ-लाभ के विश्व कल्याण में लगे रहते हैं। वैसे, भक्ति काल में सन्त उन भक्तों को कहा जाने लगा था, जो महाराष्ट्र में विट्ठल या वारकरी सम्प्रदाय के प्रचारक थे और निर्गुण भक्ति के साधक थे। इनमें नामदेव, एकनाथ, तुकाराम सरीखे भक्तों के नाम लिये जा सकते हैं। इन सभी सन्तों का लक्ष्य मानव जीवन को समुचित महत्त्व देना, मनुष्य को आध्यात्मिक राह पर ले

जाना, उसे इसी संसार में रहते हुए सानन्द जीवनयापन करने की राह दिखाना और विश्व कल्याण में सहयोग देना रहा। इस विशाल देश में धर्मों, जातियों, भाषाओं, बोलियों, आदि तमाम तरह की विविधताओं के बावजूद ब्राह्मण, क्षत्रिय, वैश्य से लेकर शूद्र तक तथा अहीर, नाई, मोची, जुलाहे तक सभी वर्णों और जातियों से उभरे सन्तों ने प्रायः हिन्दी मे ही अपनी रचनाएँ रचीं और जातिगत तथा अन्य तमाम भेदभावों की उपेक्षा की, उन पर प्रहार किए तथा मानव समानता एवं एकता के सन्देश दिए। हमारे सन्त रविदास भी ऐसे ही सन्त थे। उनका यश इन्हीं गुणों के कारण फैला।

रविदास जी का बचपन

सन्त रविदास : संघर्ष और भक्ति का जीवन

प्राचीन काल के प्रायः सभी सन्तों, गुरुओं के जीवन के साथ असाधारण, तथा चमत्कारी किस्म की घटनाएँ जुड़ी पाई जाती हैं, और सन्त रविदास भी इसके अपवाद नहीं हैं। यह मुख्यतः प्रामाणिक ऐतिहासिक तथ्यों के अभाव के कारण होता रहा है, जिसके चलते ऐसे महापुरुषों को लेकर तरह-तरह की किंवदंतियाँ और लोककथाएँ प्रचलित हैं। सबसे पहले तो सन्त रविदास के जन्मकाल को लेकर ही कई बातें कही जाती हैं। कुछ विद्वानों का मानना है कि वे कबीर के समकालीन थे और उनका जन्म बनारस में कबीर के जन्मस्थान लहरतारा के पास की मडुवाडीह बस्ती में 1440 ई. के आसपास

रविदास जी गंगा जी की स्तुति करते हुए

हुआ था, तो कुछ विद्वान उनका जन्म वर्ष 1377 ई. मानते हैं और उनका जन्मस्थान बनारस के ही सीर गोवर्धनपुर को मानते हैं। चित्तौड़ की महारानी झालारानी ने काशी आकर सन्त रविदास से शिष्यत्व ग्रहण किया था। जाने--माने लेखक परशुराम चतुर्वेदी ने अपनी विख्यात पुस्तक 'उत्तरी भारत की सन्त परम्परा' में कहा है कि कुछ लोग झालारानी को महाराणा सांगा (विक्रम सम्वत् 1539-84) की धर्मपत्नी समझते हैं। इस लिहाज से सन्त रविदास का काल विक्रम की सोलहवीं शताब्दी के प्राय: अन्त तक चला जाता है। वैसे, सन्त रैदास की जयंती हर साल माघ पूर्णिमा के दिन मनाई जाती है। उनकी माता का नाम श्रीमती कलसा देवी था और पिता श्री सन्तोख दास जी थे। बताया जाता है कि उनके पिता मल साम्राज्य में नगर के सरपंच थे। यह परिवार चमड़े का कारोबार करता था। जूते बनाना, मरे हुए जानवरों को ढोना, हलवाही करना उनका पेशा था। अपनी इस

पारिवारिक स्थिति के बारे में सन्त रविदास ने लिखा भी है—

जाती ओछा, पाती ओछा, ओछा जनमु हमारा।
रामराज की सेवा कीन्ही, कहि रविदास चमारा।।

इस परिवार में जब रैदास का जन्म हुआ, तो जाहिर है कि परिवार समेत पूरी बस्ती ने खूब खुशियाँ मनाई। नवजात शिशु का स्वागत परम्परा के अनुसार थाली बजा कर किया गया। पूरे परिवार और बस्ती की खुशी का एक विशेष कारण भी था। बच्चा परिवार और उस समुदाय के लिहाज से इतना सुन्दर था, उसके चेहरे पर ऐसा तेज था कि शीघ्र ही इसकी चर्चा पूरी बस्ती से लेकर पूरे शहर में होने लगी। इस दिव्य बालक के दर्शन के लिए माँ कलसा देवी के द्वार पर लोगों का तांता लगने लगा। यही नहीं, भगवान शिव की इस नगरी में रह रहे सैकड़ों सन्तों-फकीरों की भी जिज्ञासा इस बच्चे को लेकर बढ़ने लगी और वे भी उसकी झलक पाने को पहुँचने लगे।

पंचगंगा घाट पर रहने वाले विख्यात सन्त स्वामी रामानन्द भी अपने शिष्यों के साथ वहाँ पधारे। बताया जाता है कि बालक के तेजोमय ललाट एवं मुखारबिन्द को देखकर रामानन्द ने उसका नाम रविदास रख दिया। उन्होंने तभी भविष्यवाणी कर दी कि यह असाधारण बालक ईश्वर का दूत है और बड़ा होकर ऐसी रोशनी फैलाएगा जिसमें समाज में जातपांत, ऊँच-नीच जैसे तमाम भेदभावों का अँधेरा दूर होगा।

वैसे, लेखक श्री परशुराम चतुर्वेदी ने अपनी पुस्तक में बताया है कि प्रसिद्ध भक्त-चरित लेखक अनंतदास का मानना है कि रविदास पूर्वजन्म में ब्राह्मण थे और माँसाहार करने के कारण उनका दूसरा जन्म चमार जाति में हो गया था। इसी तरह, नाभादास की 'भक्तमाल' के टीकाकार प्रियादास ने भी कहा है कि पूर्वजन्म में ब्राह्मण होने के कारण ही रविदास ने अपनी चमारन माता का दूध पहले नहीं

पिया लेकिन स्वामी रामानन्द के उपदेश सुनने के बाद माँ का दूध पीना शुरू किया। यानी कम उम्र में ही वे स्वामी रामानन्द के शिष्य बन गए थे। चतुर्वेदी जी का मानना है कि इस तरह के विचार इस पूर्वाग्रह के कारण भी उपजे होंगे कि नीच कही जाने वाली जाति का व्यक्ति भक्त कहलाकर इतना प्रसिद्ध कैसे हो सकता है कि ब्राह्मणों में भी आदर पा सके। इसी मानसिकता में इस तरह की घटना की भी कल्पना की गयी कि रविदास ने अपने शरीर पर चमड़ी के नीचे जनेऊ का होना भी प्रमाणित किया था, जिससे ब्राह्मण लोग लज्जित हुए थे। चतुर्वेदी जी इस बात पर भी सन्देह करते हैं कि रविदास स्वामी रामानन्द के शिष्य रहे होंगे या वे कबीर अथवा धन्ना भगत के समकालीन रहे होंगे। अर्थात् ये सब किंवदंतियाँ हैं। रविदास की रचनाएँ बताती हैं कि कबीर और सेन नाई उनके समय तक

रविदास जी से माफी माँगते हुए राजा

मरकर प्रसिद्ध हो चुके थे, और यह भी कि उन्होंने अपनी रचनाओं में कहीं भी यह स्वीकार नहीं किया है कि स्वामी रामानन्द उनके गुरु थे। वैसे, रविदास की एक रचना जरूर यह कहती है—

'आज दिवस लेऊँ बलिहारा।

मेरे ग्रिह आया राजा राम जी का प्यारा।।

आँगन बगड़ भुवन भयो पावन, हरि जन बैठे हरि जस गावन।।'

यह प्रसंग तब का है जब रविदास अपने बालकाल में ही राम भक्ति में रम गए थे और उनके यहाँ नित्य प्रति सन्त मंडली भजन-कीर्तन करती थी, जिसमें स्वामी रामानन्द भी अपनी मंडली के साथ पधारे थे।

नीची कही जाने वाली जाति के बालक रविदास की शिक्षा-

दीक्षा की संभावना तो उस काल के बनारस में— जहाँ वर्ण तथा जाति के घोर भेदभाव मौजूद थे। वैसे, लोककथा कहती है कि रविदास ने अपने गुरु पंडित शारदानन्द की पाठशाला में दाखिला लेने की कोशिश की तो ऊँची जाति के कुछ लोगों ने विरोध किया। लेकिन पंडित शारदानन्द ने रविदास के व्यवहार आदि से प्रभावित होकर उन्हें अपनी पाठशाला में दाखिल कर लिया। यहाँ रविदास की दोस्ती पंडित शारदानन्द के बेटे से हो गयी। यहाँ उनके एक चमत्कार की कथा प्राय: कही जाती है कि उन्होंने अपने इस मित्र को मृत अवस्था से जीवित कर दिया था, जिससे जाहिर है कि सब लोग उनकी अलौकिक शक्ति से चकित रह गए थे। उनके ऐसे कई चमत्कारों की कथाएँ हम आगे भी पढ़ेंगे। वैसे, खुद रविदास ने अपनी शिक्षा के बारे में कहा है कि उनकी चटसाल यानी पाठशाला

तो 'हरि चटसाल' है-

'चल मन हरि चटसाल पढ़ाऊँ;
गुर की सांटी गयान का अच्छर,
बिसरे तो सहज समाधि लगाऊँ;
प्रेम पाटि सुरति लेखन करि हौं,
ररा ममा लिखि अंक दिखाऊँ।।।'

बालपन में ही जो भक्ति में इस तरह रम गया हो उसे किसी और पाठ या पाठशाला की क्या जरूरत रह सकती थी। रविदास को बचपन में ही सत्संग की धुन लग चुकी थी। वे 12 वर्ष की उम्र में ही राम-जानकी की माटी की मूर्ति बनाकर उसकी पूजा-अर्चना में लीन रहने लगे थे। बनारस में गंगा के घाटों पर साधु-सन्तों की कीर्तनों-भजनों में ही उनका सारा समय बीतने लगा था। परिवार के

कारोबार-धन्धे से वे पूरी तरह विरत हो गए थे। उनके इस रंग-ढंग ने उनके माता-पिता को चिन्तित कर दिया कि इस लड़के का भविष्य में क्या लिखा है। उन्होंने रविदास को समझाने-बुझाने की बहुत कोशिश की, बताते हैं कि उन्हें सांसारिक बंधन में बाँधने के लिए उनकी शादी भी लोना देवी से कर दी (जिनसे उन्हें एक पुत्र की भी प्राप्ति हुई), मगर कोई फर्क नहीं पड़ा। हार कर परिवार ने उन्हें घर से निकाल दिया और घर के पिछवाड़े थोड़ी जमीन दे दी ताकि वे अपने निर्वाह की व्यवस्था खुद करें। रविदास ने इस जमीन पर छोटी-सी कुटिया बना ली और भक्तों की मंडली वहीं जुटनें लगी। बताते है कि यहीं स्वामी रामानन्द भी अपने शिष्यों के साथ पधारे थे, जिससे आनंदित होकर रविदास ने गाया था— "आज दिवस लेऊँ बलिहारा। मेरे ग्रिह आया राजा राम जी का प्यारा..।" इस तरह

भक्ति की धारा उनके अन्तर और घर-द्वार में अजस्त्र बहने लगी।

लेकिन इस बीच उन्हें अपनी पारिवारिक जिम्मेदारियों का भी बोध होने लगा और उन्हें जीवन चलाने के लिए अपनी जातिगत सीमाओं के कारण चमड़े का अपना पुश्तैनी काम-धन्धा ही अपनाना पड़ा। परन्तु इसका उन्हें कोई मलाल नहीं था। रविदास भक्ति का उच्च पाठ पढ़ चुके और आपादमस्तक भक्ति के रंग में रंग चुके थे, कण-कण में भगवान को देखने लगे थे। ऐसे में अपने धन्धे से जुड़ी हिंसा ने शुरू में उन्हें दुविधा में डाल दिया मगर ईश्वर ने उन्हें राह दिखाया। रविदास ने निर्णय किया कि वे खुद पशु का चमड़ा उतारने का काम नहीं करेंगे बल्कि बाजार से चमड़ा लाकर अपना काम करेंगे। इस तरह उन्होंने जूते आदि बनाने का काम शुरू कर दिया। जल्द ही वे इसमें इतने निपुण हो गए कि परिवार का भरणपोषण ठीक से होने लगा। लेकिन मन तो फकीरी और भक्ति में ही रमा

था। होठों पर राम नाम की धुन निरन्तर चलती रहती और हाथ अपने काम में व्यस्त रहते। स्वभाव वैरागी वाला, संसारिकता से एकदम कटा हुआ। प्रायः वे अपने बनाए जूते द्वार पर आए साधु-सन्तों को पहना दिया करते। घर आए भक्तों-सन्तों की आवभगत में सब कुछ लुटाने को तैयार रहते। उनके लिए अपने हाथों से भोजन तैयार करने से लेकर उनकी तमाम तरह की सेवा में व्यस्त रहते। कीर्तन, भजन और भजनों की रचना का काम भी निरन्तर चलता रहता। सो, परिवार कुल मिलाकर विपन्नता की स्थिति में रहता। कभी वे गंगा में स्नान करके कभी किसी घाट पर और कभी किसी घाट पर घंटों ध्यान लगाए रहते, तो कभी हाथ में दोतारा लेकर भजन गाते और नाचने लगते। उनके इदगिर्द भक्तों की भीड़ उमड़ पड़ती और अद्भुत समाँ बंध जाता। लेकिन गंगा स्नान में भी उन्हें शुरू में जातिगत विद्वेष का सामना करना पड़ा। एक बड़े पर्व की सुबह गंगा स्नान

रविदास जी गंगा जी से भेंट प्राप्त करते हुए

के लिए भारी भीड़ उमड़ी थी। जब रविदास वहाँ स्नान करने पहुँचे तो ऊँची जाति वालों ने घोर विरोध किया कि नीची जाति के रविदास उनके साथ स्नान नहीं कर सकते क्योंकि इससे गंगा की धारा अपवित्र हो जाएगी। रविदास ने कोई प्रतिवाद नहीं किया और घाट के किनारे-किनारे चलते हुए भीड़ से काफी दूर आकर बैठ गए। उन्होंने गंगा की स्तुति करते हुए समाधि लगा ली। कुछ ही समय बाद गंगा की एक धारा ने आकर उन्हें नहला दिया। गंगा की उलटी धारा बहती देख लोगों को अहसास हो गया कि सच्ची भक्ति जातपांत से परे होती है। रविदास तो अब जातपांत की सीमाओं से ऊपर सन्तों की श्रेणी में आ गए थे। उनका कहना था—

'जन्म जात मत पूछियै, का जात अरु पात।
रविदास पूत सभ प्रभु के, कोउ नहीं जात कुजात।।'

माया-ममता-मोह-इच्छा सबसे मुक्त होकर वे दिन-रात अपने कार्यस्थल पर सालिग्राम की मूर्ति रखकर अपने काम के साथ-साथ

पूजा, सिमरन और सेवा में जुटे रहते। अपने काम के प्रति समर्पण और कर्मठता का पता उनके बारे में प्रचलित इस कथा से चलता है। गंगा स्नान के एक पावन दिन वे सबेरे से अपने काम में जुटे थे और उस पावन दिन के बारे में बिलकुल भूल चुके थे। लोगों के साथ-साथ साधु-सन्तों की टोलियाँ भजन-कीर्तन करती हुई गंगा घाटों की ओर बढ़ रही थीं। रविदास के यहाँ आने वालों सन्तों ने जब देखा कि वे तो अपने काम में ही रमे हैं, तो उन्हें गंगा स्नान की याद दिलायी। रविदास ने उन्हें बताया कि उन्होंने अपने एक ग्राहक को आज जूते बनाकर देने का वादा कर रखा है इसलिए गंगा स्नान के लिए नहीं जा पाएँगे, मन शुद्ध है, मन चंगा है तो गंगा कठौती में ही आ जाएगी। तब से 'मन चंगा तो कठौती में गंगा' मुहावरा भले प्रसिद्ध हो गया हो, लेकिन यह घटना कर्तव्यनिष्ठा का पाठ पढ़ाने के साथ-साथ यह सिद्ध करती है कि सच्चा भक्त भक्ति के ढोंग या कर्मकांड में नहीं उलझता।

लोककथाएँ और किंवदन्तियाँ

लोककथा कहती है कि उनकी इस भक्ति भावना ने भगवान को प्रसन्न कर दिया लेकिन अपने इस भक्त के अभावग्रस्त जीवन ने उन्हें दुखी भी कर दिया। भगवान उनकी सहायता के लिए एक सन्त का रूप धर कर उनकी कुटिया में पहुँच गए। हमेशा की तरह रविदास ने इन सन्त का भी खूब सेवा-सत्कार किया, उन्हें भोजन कराया, उनके साथ सत्संग और भगवत चर्चा की। सब कुछ हो जाने के बाद आगंतुक सन्त ने उनसे पूछा कि उनका गुजारा कैसे चलता है, आय के स्रोत क्या हैं, वगैरह। एक सन्त के मुख से आय आदि की बातें सुनकर रविदास थोड़े चकित भी हुए लेकिन उन्होंने शांत मन से बताया कि एक साधु की आवश्यकताएँ भला क्या हो सकती हैं? ईश्वर ही उनके जीवन की नाव चला रहे हैं और उन्हें कोई कष्ट

नहीं है। लेकिन आगंतुक सन्त ने अपनी झोली से एक पत्थर निकालकर कहा कि यह पारस पत्थर है, जो किसी भी चीज को इससे छुलाने से सोना बना देता है। उन्होंने रविदास के जूते बनाने के एक औजार को इससे सोना बनाकर दिखा भी दिया और कहा कि रविदास जी आप इसे रख लें, आपकी सहायता होगी। तमाम लोभ-मोह-वासना से ऊपर उठ चुके रविदास को लगा कि यह सन्त उन्हें उनके भक्ति मार्ग से डिगाना चाहता है, सो उन्होंने बड़ी विनम्रता से अस्वीकार कर दिया। लेकिन आगन्तुक सन्त के बार-बार आग्रह पर उन्होंने कह दिया कि आप ही इस पत्थर को कुटिया में कहीं रख दें। सन्त ने पत्थर को उनके छप्पर में खोंस दिया और विदा हो गए। जाहिर है कि जिस व्यक्ति ने भगवान के स्पर्श को महसूस कर लिया हो उसे किसी और चीज की क्या कामना रह जाएगी। रविदास ने

उस पत्थर की ओर कभी नजर भी नहीं डाली। करीब एक वर्ष बाद वही सन्त उनकी कुटिया में फिर पधारे और जानना चाहा कि रविदास ने उस पत्थर का क्या किया। रविदास ने उन्हें कहा कि आप स्वयं ही देख लें, आपने उस पत्थर को कहाँ रखा था। सन्त ने पाया कि पत्थर जस का तस वहीं पड़ा था, जहाँ वे रखकर गए थे। आगंतुक सन्त ने निराशा व्यक्त की कि रविदास ने पारस पत्थर का उपयोग नहीं किया। लेकिन जिस भक्त को ईश्वर का पारस स्पर्श प्राप्त हो चुका हो वह भला पारस पत्थर को क्यों देखेगा।

सन्त रविदास से जुड़ी ऐसी ही कई और लोककथाएँ प्रचलित हैं। बताया जाता है कि भगवान जब उन्हें इस तरह सहायता करने विफल रहे तो उन्होंने उनके सपने में आकर कहा कि वे सिर्फ परमार्थ

के कार्यों के लिए हर दिन उनके आसन के नीचे सोने की पाँच मुहरें रख दिया करेंगे। सपने के मुताबिक हर दिन सोने की पाँच मुहरें उनके आसन के नीचे आने लगीं। यह कथा तो अपनी जगह लेकिन संभव है, उनकी निष्काम भक्ति ने कुछ उदारमना लोगों को उन्हें गुप्त रूप से सहायता करने को प्रेरित किया होगा। सन्त रविदास ने इस सहायता से मंदिर-कीर्तन घर-सन्त आश्रम वगैरह बनवाए जिनमें भक्तों की खूब भीड़ उमड़ने लगी। उधर, ब्राह्मणों-पंडों के मंदिरों में चढ़ावा कम चढ़ने लगा तो उन्होंने मिलकर रविदास के विरुद्ध दुष्प्रचार शुरू कर दिया कि नीच जाति का गँवार भला इतने साधन कहाँ से ला रहा है और ब्राह्मणों की तरह पूजा-अर्चना कैसे कर रहा है। शूद्र को तो सालिग्राम की पूजा करने का अधिकार भी नहीं है।

शिकायत नगर के राजा तक जा पहुँची। रविदास को राजा के दरबार में तलब किया गया। उन्होंने सबको समझाने की कोशिश की कि भक्ति में जातपांत, ऊँच-नीच कुछ नहीं होता, भगवान की पूजा तो कोई भी कर सकता है। लेकिन दूसरा पक्ष अपनी बात से पीछे हटने को तैयार नहीं हुआ। राजा भी दुविधा में पड़ जाता है। अंत में एक प्रस्ताव आता है कि सालिग्राम की मूर्ति जल के पात्र में रख दी जाए और दोनों पक्ष अपनी-अपनी पूजा-अर्चना करें। जिसकी पूजा से मूर्ति जल में तैरने लगेगी, उसे सच्चा भक्त माना जाएगा। जाहिर है, पहले विप्र समुदाय को अपनी अर्चना शक्ति से सालिग्राम को प्रसन्न करने का मौका दिया गया। इसने तमाम वेद-शास्त्र-कर्मकांड का उपयोग किया लेकिन प्रभु प्रसन्न न हुए, सालिग्राम की मूर्ति जरा

भी हिली-डुली नहीं। सन्त रविदास ने भावविभोर होकर भजन गायन शुरू किया। प्रभु की वंदना में वे ऐसे विभोर हुए कि न तो प्रभु को भोग लगाया, न खुद कुछ खाया। गाते-गाते जब उन्होंने यह भजन गाया— 'बपुरै सति रैदास कहै रे। गयान बिचारी चरन चित लावै, हरि के सरनि रहै रे।। पाती तोड़ैं पूजि रचावैं, तारन तिरन कहैं रे। मूरति माँहि बसै परमेसुर, तौ पानी माँही तिरै रे।'— तो आँखों से आँसुओं की धार बह चली, कंठ अवरुद्ध हो गया, मुख से एक और भजन फूट पड़ा। द्रौपदी, प्रह्लाद सरीखे भक्तों की आर्त पुकार सुनकर उनकी सहायता को दौड़ने वाले केशव को गुहार लगाते हुए वे गा उठे—

'अैसी जिन करि हौ महाराज, दूरि माँही तुम बइठे देखौ, बिग़रत

हैं यो काज।। उन भगतन कुंछिनि छिनि तारयौ, ज्यूँ तारयौ त्यूँ साज। काच कथीर पतित हम ते हो, नैनण देखौ आज। खल हल कासी लोग बहु आए, देखन भगति समाज। बिरद तजौ कै बिरद संभारौ, कहै रविदास चंमराज..।'

ऐसी कातर विनती प्रभु को अपने सच्चे भक्त की सहायता से भला कैसे रोक सकती थी। जल में रखी सालिग्राम की मूर्ति धीरे-धीरे जल के ऊपर तैरने लगी। इस अद्‌भुत दृश्य ने वहाँ जमा सभी लोगों को चकित कर दिया, चारों ओर से सन्त रविदास की जयकार होने लगी। विप्र समुदाय लज्जित महसूस करने लगा लेकिन विनम्रता की मूर्ति सन्त रविदास प्रभु कीर्तन में रमे रहे, उनके मन में कोई अभिमान, कोई प्रतिशोध भावना नहीं थी।

लोककथा यह भी कहती है कि उन्हें कुष्ठ जैसे रोगों का उपचार

रविदास जी शिष्यों से मिलते हुए

करने की भी प्राकृतिक शक्ति प्राप्त थी। उनके धार्मिक उपदेशों को सुनने के लिए हर जाति-तबके के लोग आते थे। एक दिन उनमें एक धन्ना सेठ भी आया था। उस दिन सन्त रविदास ने अन्त में सबको अपनी मिट्टी की कठौती से प्रसाद के रूप में पानी दिया। भक्तों ने उसे ग्रहण किया और पी लिया लेकिन धन्ना सेठ ने उस पानी को गंदा मान कर फेंक दिया, जो उसके कपड़े और पैरों पर भी गिरा। घर लौटकर उसने वह कपड़ा एक कुष्ठ रोगी को दे दिया। उसे पहनते ही रोगी का कुष्ठ रोग धीरे-धीरे ठीक हो गया। इधर सेठ को कुष्ठ रोग ने पकड़ लिया और उसकी हालत बिगड़ने लगी। कोई उपचार कारगर होता न देख सेठ को अपनी गलती का अहसास हुआ और वह सन्त रविदास से माफी माँगने पहुँच गया। दयालु रविदास ने उसे क्षमादान दिया और समझाया कि किसी साधु-सन्त-फकीर

रविदास जी से राजा और रानी की भेंट

या व्यक्ति का अपमान नहीं करना चाहिए चाहे वह किसी भी जाति का क्यों न हो, वैसे तो उनकी कोई जाति नहीं होती। सन्त रविदास ने सेठ को अपनी कठौती का पवित्र जल भी पिलाया। धीरे-धीरे सेठ रोगमुक्त हुआ और उसका परिवार सन्त जी का भक्त बन गया।

ऐसी ही एक लोककथा कहती है कि सन्त रविदास एक दिन स्वयं गंगा स्नान के लिए न जा सके, तो उन्होंने एक भक्त को पाँच सुपारियाँ और एक दमड़ी दी कि वह इन्हें गंगा माता को उनकी ओर से भेंट चढ़ा दे लेकिन तभी जब माँ गंगा इन्हें स्वयं ग्रहण करें। भक्त ने हथेली पर इस भेंट को रखकर सच्चे मन से माँ गंगा का आवाहन किया तो बताते हैं कि गंगा से एक हाथ निकला और उसने यह भेंट ग्रहण कर लिया और रविदास के लिए सौगात के रूप में भक्त की हथेली पर सोने का एक अद्वितीय कंगन रख दिया। कंगन ने भक्त

रविदास जी गंगा जी का ध्यान करते

के मन में लालच पैदा कर दिया। उसने कंगन अपनी पत्नी को पहना दिया, जिसने उसे पैसों की खातिर बेच देने की सलाह दी। सोनार ने राजा को प्रसन्न करने के लिए उसे भेंट में दे दिया। राजा ने रानी को यह कंगन दिया तो रानी ने इसके जोड़े की फरमाइश कर दी। अब जोड़े की खोज शुरू हुई और उस भक्त को दरबार में पेश होना पड़ा। उसने पूरी कहानी बता दी और अपने लालच की बात कबूल कर ली। राजा उसे लेकर सन्त रविदास के पास पहुँच गया। उसके मन में भी लालच आ गया था, उसने सन्त जी से कहा कि वे तो माँ गंगा से इसका दूसरा कंगन प्राप्त कर सकते हैं। सन्त जी ने उसकी मंशा भांप ली और समाधि में चले गए, मन्त्रोच्चार करने लगे। कुछ ही क्षणों में उनकी कठौती में हलचल हुई और अति सुन्दर कंगनों की जोड़ी उसमें आ गयी। राजा सन्त जी के चरणों में गिर पड़ा,

उपस्थित लोग दंग रह गए। सन्त जी ने समझाया कि नेकी की कमाई ही फलती-फूलती है और शुद्ध तथा सच्चे मन से भगवान को पुकारें तो वे भक्त की अवश्य सहायता करते हैं।

लोककथाओं की प्रामाणिकता के बारे में अन्तिम रूप से कुछ नहीं कहा जा सकता लेकिन कुछ के संकेत स्वयं सन्त रविदास की कुछ रचनाओं में जरूर मिलते हैं। उदाहरण के लिए, सालिग्राम की मूर्ति के जल में तैरने की कथा का संकेत उनकी रचना में मिलता है, जिसे ऊपर उदृधत किया जा चुका है। इसी तरह इस बात की प्रामाणिकता पर भी सन्देह किया जाता है कि रविदास स्वामी रामानन्द, कबीर, सन्त पीपा आदि के समकालीन थे या नहीं। वैसे, सन्त अनंतदास की 'भक्त रचनावली' की 'पीपाजी परचई' में सन्त

रविदास जी की भजन मंडली

रविदास का भी जिक्र है। बताया जाता है कि गागरौनगढ़ के राजा सन्त पीपा के निमंत्रण पर स्वामी रामानन्द अपने शिष्यों के साथ गागरौनगढ़ पधारे थे और उनकी मंडली में कबीर और सन्त रविदास भी शामिल थे— 'तब रामानन्द बांची पाती, लीए रैदास कबीर संघाती। अवर भगत चारीस बुलाए, गिरही अरु वैरागी आए।' कबीर, रविदास का भी स्वामी रामानन्द की तरह भव्य स्वागत किया गया। राजा पीपा ने सबके चरण पखारे, उत्तम भोजन कराया और फिर सत्संग हुआ। बताया जाता है कि सन्त रविदास ने रामानन्द के साथ अयोध्या, मथुरा, हरिद्वार, उज्जैन, कांचीपुरम, द्वारका, चित्तौड़ आदि की भी यात्रा की।

रविदास जी मीरा बाई के साथ साधना करते हुए

झालारानी, मीराबाई और सन्त रविदास

विश्व की सबसे प्राचीन धर्मनगरी काशी के सन्त रविदास सरीखे सच्चे, निर्मलहृदय, चमत्कारी सन्त की ख्याति तो दूर-दूर तक फैलनी ही थी। चित्तौड़ की महारानी झालीरानी और उनकी बहू मीराबाई से लेकर महाराष्ट्र और राजपूताने तक में उनके भक्तों की जमात बढ़ती गयी। महारानी झालीरानी ने तो स्वयं काशी पधारकर उनका शिष्यत्व ग्रहण किया और चित्तौड़ लौटकर उन्हें अपने पुत्र भोजराज और मीराबाई की शादी के अवसर पर आने का निमन्त्रण भेजा।। रविदास जब चित्तौड़ पधारे तो स्वयं राजा-रानी ने उनकी अगवानी की और उनका भव्य स्वागत किया, जुलूस निकालकर उन्हें नगर में लाया गया और उनके स्वागत में आयोजित भव्य भोज में सबको आमंत्रित किया गया। ब्राह्मण पंडे-पुजारियों की जमात एक शूद्र के इस

रविदास जी मीरा बाई आदि शिष्यों के साथ

स्वागत से नाराज तो थी ही, उसने भोज का बहिष्कार करके अपने अलग भोज का आयोजन कर डाला। बताते हैं कि इस भोज में पांत लगने और भोजन परोसे जाने के बाद पांत में कई जगह सन्त रविदास भी बैठे दिखाई दिए। इस पर विप्र समुदाय अचंभे में पड़ गया। कुछ लोगों ने वह स्थान जाकर देखा जहाँ रविदास को ठहराया गया था। उन्होंने पाया कि वे तो राजा-रानी और नवविवाहित जोड़े के साथ भोजन ग्रहण कर रहे थे। इस बात की खबर फैलते ही ब्राह्मण समुदाय का भ्रम दूर हो गया, उसे सन्त रविदास की आध्यात्मिक शक्ति का अहसास हो गया और उन्होंने उनसे क्षमा माँगी।

कृष्ण की दीवानी मीराबाई दुर्भाग्य से जल्द ही विधवा हो गयीं और उनकी भक्ति भावना और ज्यादा प्रबल हो गयी। भजन-कीर्तन-सत्संग में आना-जाना, साधु-सन्तों से मिलना-जुलना, यात्राएँ करना

रविदास और मीरा बाई

बढ़ गया। यह उनके राजपरिवार को नापसन्द था। उनके देवर ने उन्हें जहर देकर मारने की भी कोशिश की लेकिन 'जाको राखे साइयाँ मार न सके कोए।' आखिर मीरा लोक-लाज छोड़ घर से निकल गयीं और तीर्थों का भ्रमण करते हुए काशी भी पहुँचीं, जहाँ उन्हें 'काशी नगर ना चौक माँ मैंने गुरु मिले रैदास'। वे सन्त रैदास की शिष्या बन गयीं-

गुरु मिलीया रविदास जी, दीनी ज्ञान की गुटकी।
चोट लगी निजनाम हरी की, महारे हिवरे खटकी।।।

लेकिन श्री परशुराम चतुर्वेदी ने अपनी पुस्तक 'उत्तरी भारत की सन्त परम्परा में एक दूसरा तथ्य प्रस्तुत किया है। उनका कहना है कि मीरा ने अपने कई पदों में रैदास को अपना गुरु कहा है। इससे यह मानना पड़ेगा कि सन्त रविदास या तो उनके समकालीन थे या उनके काल में कोई और सन्त रैदास रहे होंगे। पहली धारणा इसलिए

रविदास जी अपने शिष्यों को उपदेश देते हुए

प्रामाणिक नहीं लगती कि खुद मीरा ने जिस धन्ना भगत को अपने पद में प्राचीन पौराणिक भक्त बताया है, वे धन्ना भगत ही सन्त रविदास को अपना आदर्श तथा प्रसिद्ध भक्त बताते हैं। यानी मीरा के लिए जो पौराणिक भक्त धन्ना भगत हैं वही जब सन्त रविदास के भक्त हैं, तो रविदास तो मीरा के काल के नहीं हो सकते। वैसे, मीरा उन्हें अपना गुरु मानती हों या उनके मत से प्रभावित हों, यह पूरी तरह संभव है और इससे इनकार भी नहीं किया जा सकता।

सन्त रविदास के विचार, सिद्धान्त

निर्मलहृदय सन्त रविदास आस्था-अनास्था, सगुण-निर्गुण आदि के तर्क-वितर्क में न पड़कर शुद्ध एवं सच्ची भक्ति के जरिए ही सत्य की पूर्ण अनुभूति में विश्वास करते थे। उनका कहना था कि परम

वैराग की स्थिति प्राप्त किए बिना भक्ति के नाम पर की जाने वाली सारी साधनाएँ भ्रम के सिवा कुछ नहीं हैं। मनुष्य के भीतर भ्रम का दोष आ जाने के कारण वह 'सत्य' को पहचान नहीं पाता। सन्त रविदास इस सत्य को अनुपम, अनिर्वचनीय बताते हैं— 'जस हरि कहिए तस हरि नाहीं, अस तस कछु तैसा।' वे कहते हैं कि मनुष्य के भीतर का भ्रम ही सब दुखों का कारण है और इसे मिटा डालना ही उसका परम कर्तव्य है। इसके लिए वह वेद-पुराण-शास्त्र आदि के आधार पर कर्म-अकर्म का विचार करते हुए तमाम नियम तय करता है लेकिन इन बाह्य बातों से आंतरिक शांति नहीं मिल पाती। सन्त रविदास की रचनाओं से किसी विशेष साधना पद्धति का संकेत नहीं मिलता। उनके विचारों से यही लगता है कि वे अहंकार, भेदभाव, लोभ-द्वेष से मुक्ति को ही 'प्रेम भगति' का मूल आधार मानते हैं।

मनुष्य के भीतर अहं किसी भी रूप में मौजूद रहेगा, तो उसे परम आनन्द, ईश्वर की प्राप्ति कभी नहीं हो सकती– 'कह रैदास तेरी भगति दूरि है, भाग बड़े सो पावै। तजि अभिमान मेटि आपा पर, पिपिलक हवै चुनि खावै।।'। उनका कहना था कि राम, कृष्ण, करीम, राघव आदि सब एक ही परमेश्वर के विविध नाम हैं और वेद, पुराण, कुरान सब में उसी परमेश्वर की महिमा गाई गयी है– 'कृष्ण, करीम, राम, हरि, राघव, जब लग एक न पेखा। वेद, कितेब, कुरान, पुरानन, सहज एक नहिं देखा।।' सन्त रविदास मध्ययुग के संक्रमण काल में हुए और उन्होंने बचपन से ही देखा कि ऊँची जातियों की अमानवीयता के कारण दलित तथा वंचित समाज किस तरह पशुवत जीवन जीने को मजबूर था। इन्हीं अनुभवों ने उनमें समन्वयवादी चेतना को जन्म दिया और ब्राह्मणवाद की प्रभुता का सामना करने तथा शोषित व उपेक्षित शूद्रों में आत्मविश्वास

जगाने की प्रेरणा दी। उस समय शूद्रों को ब्राह्मणों की तरह जनेऊ, तिलक धारण करने या दूसरे धार्मिक संस्कार करने की छूट नहीं थी। सन्त रविदास इन आडंबरों में विश्वास तो नहीं करते थे मगर उन्होंने दोनों समुदायों के बीच भेदभाव को समाप्त करने मात्र के लिए ही संघर्ष किया ताकि नीची जाति के लोग भी इन सभी क्रियाओं को कर सकें।

सन्त रविदास की समन्वयवादी चेतना का प्रभाव था कि उन्होंने इस्लाम तथा हिन्दू धर्म के प्रति कबीर की तरह आक्रोश का भाव न रखकर समानता का भाव रखा। श्री परशुराम चतुर्वेदी ने लिखा है कि कुछ लोगों ने सन्त रविदास की मुख्य साधना का पता लगाने की भी कोशिश की और गुरु परम्परा के क्रम से साधना के जो प्रचलित अंग हैं उनके अंतर्गत उनकी साधना को 'अष्टांग साधना'

रविदास जी साधना करते हुए

नाम दिया। इस साधना के तीन अंग हैं- बाह्य अंग, जिसमें गृह, सेवा और सन्त आते हैं; आंतरिक अंग, जिसमें नाम, ध्यान और प्रणति शामिल हैं; और अंतिम अवस्था में प्रेम तथा समाधि हैं जिसके द्वारा साधक ब्रह्म में लीन होकर पूर्ण सन्त बन जाता है। इस साधना के जरिये गृहस्थ लोग भी क्रमशः एक अनुपम स्थिति को प्राप्त कर सकते हैं।

सन्त रविदास ने सिख धर्म में भी अपना योगदान दिया। पाँचवें सिख गुरु अर्जनदेव द्वारा संकलित गुरुग्रन्थ साहिब में सन्त जी के पद, भजन, और दूसरी रचनाएँ शामिल हैं, जिनकी संख्या 41 बताई जाती है। ये विभिन्न रागों में इस प्रकार हैं—राग सिरी (1 पद), गौरी (5), असा (6), गुजारी (1), सोरथ (7), धनसरी (3), जैतसारी (1), सुही (1), बिलावल (2), गौंड (2), रामकली (1), मारु

(2), केदारा (1), भाईरऊ (1), बसन्त (10), और मल्हार (3 पद)।

बताया जाता है कि रविदास के नाम से रवि दासिया सम्प्रदाय का गठन अँग्रेजी राज के जमाने में हुआ। भारत की आजादी के बाद इसे तब और मजबूती मिली जब विदेशों में बसे कुछ लोगों ने रवि दासिया समुदायों की स्थापना की, जिनके अलग-अलग स्थानीय गुरु हुए। लेकिन सिख लोग इन सन्तों को अपना गुरु नहीं मानते थे। 2009 में वियना में उनके एक धर्मगुरु रामानन्द दास की हत्या के बाद एक नए आंदोलन की शुरुआत हो गयी, जिसने सिख धर्म से अपने को अलग कर लिया। ये सब सन्त रविदास को ही अपना गुरु मानते थे। इससे पहले, डेरा भल्ला रविदास गुरुद्वारों के रविदासी सिखों के पवित्र गुरु ग्रन्थ साहिब को ही पूजते थे और उसका पाठ

करते थे। लेकिन इस विभाजन के बाद डेरा भल्लां ने 'अमृतबानी गुरु रविदास जी' नामक अपने पवित्र ग्रन्थ का संकलन किया और डेरा भल्ला रविदासिया मन्दिरों में इसी ग्रन्थ की पूजा होने लगी। डेरा भल्ला का कहना है कि उसने अलग धर्म इसलिए शुरू किया क्योंकि पंजाब में उन्हें सिख धर्म से अलग कर दिया गया। रविदासिया समुदाय का सदस्य बनने के लिए जरूरी नहीं है कि व्यक्ति का जन्म इस समुदाय में हुआ हो। गुरु रविदास के दर्शन को मानने वाला कोई भी व्यक्ति इसका सदस्य बन सकता है। जालंधर के डेरा सचखंड ने रविदास की 633वीं जयंती पर रविदास ने घोषणा की कि रविदासिया धर्म वाणी और सन्त रविदास की सीखों के अलावा वाल्मीकि, नामदेव, कबीर, त्रिलोचन, सैन एवं साधना सरीखे सन्तों के भी सन्देशों का प्रचार करेगा। रविदासियों के पूजास्थल को भवन या

गुरुघर कहा जाता है भवन के बाहर निशान साहिब ध्वज फहराया जाता है और भवन में लंगर चलता रहता है। भवन के गर्भगृह में गुरुग्रन्थ साहिब को मुख्य स्थान दिया जाता है और सन्त रविदास के ग्रन्थ 'अमृतवानी गुरु रविदास जी' को भी रखा जाता है और दोनों की पूजा की जाती है। भजन-कीर्तन चलता रहता है। ग्रन्थ में सन्त रविदास के ही पद संकलित किए गए हैं। इस ग्रन्थ का भी सन्देश वही है, जो सन्त रविदास का हैं—

—ईश्वर एक है और सब में समाया है।

—मनुष्य की आत्मा ईश्वर का ही अंश है। दोनों में वही अन्तर है जो सोना और उसके कंगन के बीच या पानी और लहर के बीच हो सकता है।

—यह धारणा गलत है कि नीची जाति का व्यक्ति ईश्वर को नहीं प्राप्त कर सकता।

—ईश्वर की प्राप्ति ही मनुष्य का परम लक्ष्य हो सकता है और उसे अपने जीवन के हर कामकाज के बीच ईश्वर में ही ध्यान लगाना चाहिए।

—मन-मस्तिष्क की दुविधाओं से मुक्ति पाकर ही मोक्ष की प्राप्ति हो सकती है।

सन्त रविदास की अन्तिम समाधि

सन्त रविदास की मृत्यु कब और कैसे हुई, इसकी भी प्रामाणिक जानकारी उपलब्ध नहीं है। कुछ लोगों का मानना है कि उनकी मृत्यु काशी में हुई, तो कुछ लोग कहते हैं कि उन्होंने सम्वत् 1684 में

चित्तौड़ में अपना शरीर त्याग किया। उस समय उनकी आयु 150 वर्ष से ऊपर हो चुकी थी। शरीर पूरी तरह जर्जर हो चुका था मगर भजन-कीर्तन, प्रभु नाम सिमरन निरन्तर जारी था। बताते हैं कि भजन में लीन उनकी काया देखते-देखते कंचन में बदल गयी और रवि में विलीन हो गयी। गुरु गोविन्द सिंह के पंजप्यारों में एक, धर्मदास के भाई कर्मदास के एक पद से सन्त रविदास की मृत्यु के बारे में कुछ पता चलता है—

सम्मत सोला सौ चौ असी, चीतौरे भई भीर।
जरजर देह कंचन भई, रवि रवि मिलिओ सरीर॥

सन्त-महात्मा अपने कर्मों और वाणी से पूरे समाज को सुख-शांति-समृद्धि की सही दिशा दिखा जाते हैं। सन्त रविदास ने जो संघर्षपूर्ण जीवन जिया, जो उपदेश दिए वे पूरे समाज और विशेषकर

शोषित–दलित तबकों के लिए उत्थान और स्वाभिमान की राह दिखाते हैं। उनका जीवन यह सन्देश देता है कि मनुष्य अपने जन्म या व्यवसाय के कारण बड़ा या महान नहीं होता बल्कि अपने विचारों की श्रेष्ठता, सद्व्यवहार, समाज के हित के लिए किए गए कार्यों के कारण महान होता है। इन्हीं सन्देशों के कारण आज भी सन्त रविदास को श्रद्धापूर्वक स्मरण किया जाता है। उनकी मधुर, सहज वाणी ज्ञानाश्रयी और प्रेमाश्रयी शाखाओं के बीच सेतु के समान है। गृहस्थाश्रम में रहते हुए भी वे उच्च कोटि के विरक्त सन्त थे। यह सन्तुलन आज के मनुष्य के लिए अनुकरणीय है। यही वजह है कि उनका प्रभाव आज भी भारत में दूर–दूर तक फैला है और उनके अनुयायी खुद को रैदासी कहते हैं। माना जाता है कि रैदासी सम्प्रदाय के अनुयायियों की सन्ख्या अच्छी खासी है और वे मुख्यतः पंजाब, हरियाणा, दिल्ली, राजस्थान से लेकर गुजरात तक में फैले हैं। इनमें एक जाति विशेष के लोगों का अनुपात बहुत ज्यादा है। ये लोग एक विशेष प्रकार का धार्मिक जीवन बिताते हैं और साधु–सन्त कोटि में गिने जाते हैं। सन्त रविदास के जन्मस्थान वाराणसी में उनके नाम पर पार्क, घाट और स्मारक द्वार बनाए गए हैं। भदोही नामक नगर का नाम सन्त रविदास नगर रख दिया गया है। उनकी जन्मस्थली सीर गोवर्द्धनपुर में उनके सम्मान में एक मंदिर भी बनाया गया है। हर साल माघ पूर्णिमा के दिन उनका जन्मदिन बड़े धूमधाम से मनाया जाता है।

सन्त रविदास की कुछ उल्लेखनीय रचनाएँ

(1)

प्रभु जी तुम चंदन हम पानी। जाकी अंग-अंग बास समानी।।
प्रभु जी तुम घन बन हम मोरा। जैसे चितवत चाँद चकोरा।।
प्रभु जी तुम दीपक हम बाती। जाकी जोति बरै दिन राती।।
प्रभु जी तुम मोती हम धागा। जैसे सोनहिं मिलत सोहागा।।
प्रभु जी तुम स्वामी हम दासा। ऐसी भगति करै रैदासा।।

(2)

प्रभु जी तुम संगति सरन तिहारी। जगजीवन राम मुरारी।।
गली गली को जल बहि आयो। सुरसरि जाय समायो।।
संगति के परताप महातम। नाम गंगोदक पायो।।
स्वाति बूँद बरसे फनि ऊपर सोइ विष होइ जाई।
ओही बूँद कै मोती निपजै संगति की अधिकाई।।
तुम चंदन हम रेंड बापुरे निकट तुम्हारे आसा।
संगति के परताप महातम आवै बास सुवासा।।

जाति भी ओछी करम भी ओछा-ओछा कसब हमारा।
नीचे से प्रभु ऊँच कियो है कहि रैदास चमारा।।

(3)

राम बिनु संसय गांठी न छूटै।
काम क्रोध लोभ मद माया, इन पंचनि मिलि लूटै।।
हम बड़ कबि कुलीन हम पंडित, हम जोगी संन्यासी।
ज्ञानी गुनी सूर हम दाता, याहू कहै मति नासी।।
पढे गुने कछू समुझि न परई, जौं लौं भाव न दरसै।
लोहा हिरन होइ धौं कैसे, जौ पारस नहि परसै।।
कह रैदास और असमुझि सी, चाकि परे भ्रम भोरे।
एक अधार नाम नरहरि को, जिवन प्रान धन मोरें।।

(4)

भगती ऐसी सुनहुं रे भाई।
आई भगती तब गयी बड़ाई।।
कहा भयो नाचे अरु गाये, कहा भयो तप कीन्हे।
कहा भयो जे चरन पखारे, जौं लौं तत्त्व न चीन्हे।।
कहा भयो जे मूंड़ मुड़ायो, कहा तीर्थ ब्रत कीन्हे।
स्वामी पास भगत अरु सेवक, परम तत्त्व नहि चीन्हे।।
कहै रैदास तेरी भगति दूरि, भाग बड़े सो पावै।
तजि अभिमान मेटि आपा पर, पिपलक ह्वै चुनि खावै।।

(5)

राम जन हूँ उन भगत कहाऊँ, सेवा करौं न दासा।
गुनी जोग जग्य कछू न जानूँ, ताथौं रहूँ उदासा।।
भगत हूँ वा तौ चढ़ै बड़ाई, जोग करौं जग माँनैं।
गुणी हूँ वाथैं गुणीं जन कहैं, गुणी आप कूं जांनैं।।
न मैं ममिता मोह न महियाँ , ए सब जाहि बिलाई।
दोजग भिस्त दोऊ समि करि जांनूं, दहु वा थैं तरक है भाई।।
मैं तैं ममिता देखि सकल जग, मैं तैं मूल गंवाई।
जब मन ममिता एक एक मन, तब हीं एक है भाई।।
कृश्न करीम राम हरि राधौ, जब लग एक एक नहीं पेख्या।
बेद कितेब कुरान पुराननि, सहजि एक नहीं देख्या।।
जोई जोई करि पूजिये, सोई सोई काची, सहजि भाव सति होई।
कहै रैदास मैं ताही कूँ पूजौं, जाकै गाँव न ठाँव न नाम नहीं कोई।

(6)

ऐसी कछु अनभै कहत न आवै।
साहिब मेरौ मिलै तौ को बिगरावै।।
सब मैं हरि हैं हरि मैं सब हैं, हरि आपनपौ जिनि जाना।
टपनी आ साखि नहीं दूसर जाननहार समाँना।।
बाजीगर सूं रहनि रहीजै, बाजी का भरम इब जाना।
बाजी झूठ साच बाजीगर, जाना मन पतियाना।।

भन थिर होइ तौ कांइ न सूझै, जानैं जाननहारा।

कहै रैदास बिमल बसेक सुख, सहज सरूप संभारा।।

(7)

नरहरि चंचल मति मोरी।

कैसी भगति करौ राम तोरी।।

तू कोहि देखै हूँ तोहि देखौं, प्रीती परस्पर होई।

तू मोहि देखै हौं तोहि न देखौं, इहि मति सब बुदि खोई।।

सब घट अंतरि रमसि निरंतरि, मैं देखत ही नहीं जाना।

गुन सब तोर मोर सब औगुन, सों कैसे करि निसतारा।

कहै रैदास कृश्न करुणा मैं, जै जै जगत अधारा।।

(8)

ऐसी मेरी जाति भिख्यात चमार।

हिरदै राम गौब्यद गुन सार।।

सुरसरी जल लीया क्रित बारूणी रे, जसे सन्त जन करता नहीं पान।

सुरा अपवित्र नित गंग जल मानियै, सुरसरी मिलत नहीं होत आन।।

ततकरा अपवित्र करि माँनियै, जैसे कागदगर करत बिचार।

भगत भगवंत जब ऊपरैं लेखियैं, तब पूजियै करि नमसकार।।

टेक अधम जीव नाम गुण उधरे, पतित पावन भये परसि सार।

भणत रैदास रंकार गुण गावता, सन्त साधू भये सहजि पार।।

(9)

जो तुम तोरौ राम मैं नहीं तोरौं।

तुम सौं तोरि कवन सूंजोरौं।।

तीरथ ब्रत का न करौं अदेसा, तुम्हरे चरन कंवल का भरोसा।

जहाँ जहाँ जाऊँ तहाँ तुम्हारी पूजा, तुम्ह सा देव अवर नहीं दूजा।

मैं हरि प्रीति सबनि सूंतोरी, सब स्यौं तोरि तुम्हैं स्यूँ जोरी।

सब परहरि मैं तुम्हारी आसा, मन क्रम वचन कहै रैदासा।

(10)

पंडे कैसी पूज रची रे।

सति बोलै सोई सतिबादी, झूठी बात बची रे।।

जो अबिनासी सबका करता, ब्यापि रह्यौ सब ठौर रे।

पंच तत जिनि कीया पसारा, सो यौ ही किधौं और रे।।

तू ज कहत है यौ ही करता, या कौ मनिख करै रे।

सन्त रविदास अपनी रचनाओं में निर्मल भक्ति का अद्वितीय उदाहरण प्रस्तुत करते हैं। वे बताते हैं कि उनकी भक्ति कैसी है। वे अपने भगवान को अपने अन्तर में इस तरह समाया हुआ महसूस करते हैं जिस तरह चंदन पानी में घुलकर उसके बूँद–बूँद में अपनी

सुगन्ध बसा देता है, वे खुद को मोर और अपने प्रभु को बादल मानते हैं और उन्हें इस तरह सम्मोहित होकर देखते हैं जिस तरह चकोर चाँद को ताकता रहता है, वे खुद को बाती और अपने ईष्टदेव को दीपक, खुद को धागा और प्रमु को मोती, खुद को दास और प्रभु को स्वामी मानते हैं। यानी उनका सन्देश यही है कि भक्ति करो तो ऐसी कि उसमें अपना सुधबुध इस तरह खो दो जैसे बाती बिना दीपक के नहीं जल सकती, जैसे मोती के हार में धागा विलीन हो जाता है, जैसे दास अपने स्वामी की सेवा में अपना तन–मन लगा देता है। एक पद में वे सन्देश देते हैं कि संगति बहुत बड़ी चीज है। आप जिस तरह के लोगों के साथ रहते हैं, उन्हीं के जैसा बन जाते हैं। जैसे गली–गली का पानी बहकर गंगा में समा जाता है तो वह भी गंगा कहलाने लगता है, स्वाति का बूँद सीप में समाए तो मोती बन जाता है और साँप की

संगति पा ले तो विष बन जाता है। रविदास ईश्वर के प्रति आभार प्रकट करते हैं कि उनकी भक्ति और संगति ने उन्हें नीची जाति का होने और ओछे कर्म में लगे होने के बावजूद सम्मान दिला दिया।

एक पद में रविदास बताते हैं कि मनुष्य काम, क्रोध, लोभ, घमंड और माया के चक्कर में फंसा रहता है। अपनी विद्या, ज्ञान, पंडिताई, साधना, दानवीरता के घमंड के कारण वह भ्रम में फंसा रहता है। यह भ्रम राम के पारस स्पर्श के बिन नहीं टूटता। एक हरि का नाम ही आधार है जो मनुष्य की शंकाओं को दूर कर सकता है। और भक्ति कैसी हो? रविदास कहते हैं कि भक्ति सच्ची वही है, जो आपके अहंकार को, आप में बड़प्पन के भाव को खत्म कर दे। ऐसा नहीं होता तो भक्ति के दिखावे के लिए नाच-गाना, तप-साधना, चरण पखारना, सिर मुंडाना या तीर्थ-व्रत करना सब बेकार है। रविदास कहते हैं कि दुनिया में मेरा, तेरा, ममता, माया देखकर हम अपना मूल गँवा देते हैं। हमें कृष्ण, करीम, राम, हरि, राधा और वेद, कुरान, पुरान यानी सभी धर्मों को एक मान कर सच्ची भावना से पूजा करनी चाहिए। ऐसी पूजा से 'साहिब' यानी भगवान मिल जाएं तो फिर कोई हमारा क्या बिगाड़ पाएगा। हरि तो सबके भीतर हैं और सब हरि में ही समाया है। अगर हमारा मन स्थिर हो जाएँ तो ईश्वर के सिवा दूसरा कुछ नहीं सूझता यानी ईश्वर अर्थात् अपने लक्ष्य की प्राप्ति के लिए चित्त को स्थिर करो। सो, रविदास नरहरि से प्रार्थना करते हैं कि हे प्रभु मेरी मति तो चंचल है, तो ऐसे में आपकी पूजा कैसे करूँ? आप मुझे देखें और मैं आपको देखूँ तभी तो हमारे बीच प्रेम बढ़ेगा। आप तो गुणों के भंडार हैं और मैं तो अवगुण की

खान हूँ। रविदास कृष्ण करुणामय को सारे जगत का आधार मान कर उनका आवाहन करते हैं। वे बनवारी से प्रार्थना करते हैं कि मन को शुद्ध करके उनका ऐसे ध्यान करूँ। ऐसा जप करूँ जैसा किसी न जपा हो, ऐसा तप करूँ जैसा किसी ने न किया हो, ऐसे मरूँ जैसी किसी और की मृत्यु न हुई हो। यानी रविदास सन्देश देते हैं कि जो कुछ करो, इस तरह करो जैसे किसी ने न किया हो। तभी गंगा-यमुना की धारा को भी पलट सकते है।

□□□